Livre de comptes

by Rikka Saum

Too many people spend money they earned..to buy things they don't want..to impress people that they don't like.

WILL ROGERS

RELEVÉ SEMAINE

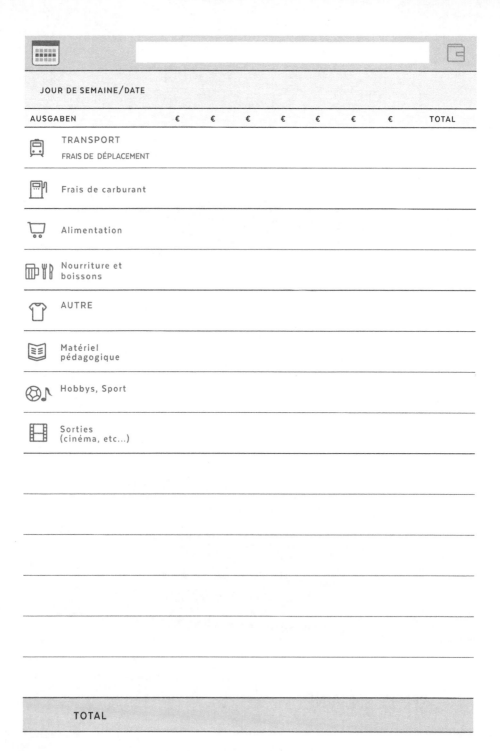

JOUR DE SEMAINE/DATE

AUSGABEN	€	€	€	€	€	€	€	TOTAL
TRANSPORT FRAIS DE DÉPLACEMENT								
Frais de carburant								
Alimentation								
Nourriture et boissons								
AUTRE								
Matériel pédagogique								
Hobbys, Sport								
Sorties (cinéma, etc...)								

TOTAL

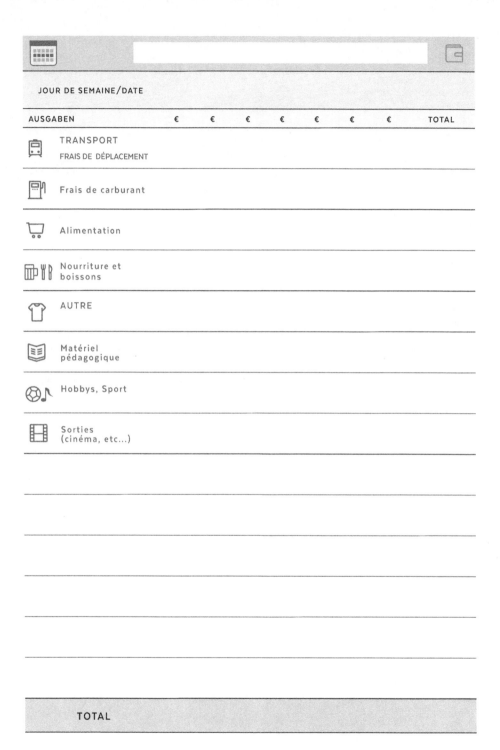

JOUR DE SEMAINE/DATE									
AUSGABEN	€	€	€	€	€	€	€	TOTAL	
TRANSPORT FRAIS DE DÉPLACEMENT									
Frais de carburant									
Alimentation									
Nourriture et boissons									
AUTRE									
Matériel pédagogique									
Hobbys, Sport									
Sorties (cinéma, etc...)									
TOTAL									

JOUR DE SEMAINE/DATE

AUSGABEN	€	€	€	€	€	€	€	TOTAL
TRANSPORT FRAIS DE DÉPLACEMENT								
Frais de carburant								
Alimentation								
Nourriture et boissons								
AUTRE								
Matériel pédagogique								
Hobbys, Sport								
Sorties (cinéma, etc...)								

TOTAL

JOUR DE SEMAINE/DATE

AUSGABEN	€	€	€	€	€	€	€	TOTAL
TRANSPORT FRAIS DE DÉPLACEMENT								
Frais de carburant								
Alimentation								
Nourriture et boissons								
AUTRE								
Matériel pédagogique								
Hobbys, Sport								
Sorties (cinéma, etc...)								

TOTAL

JOUR DE SEMAINE/DATE

AUSGABEN	€	€	€	€	€	€	€	TOTAL
TRANSPORT FRAIS DE DÉPLACEMENT								
Frais de carburant								
Alimentation								
Nourriture et boissons								
AUTRE								
Matériel pédagogique								
Hobbys, Sport								
Sorties (cinéma, etc...)								

TOTAL

JOUR DE SEMAINE/DATE

AUSGABEN	€	€	€	€	€	€	€	TOTAL
TRANSPORT FRAIS DE DÉPLACEMENT								
Frais de carburant								
Alimentation								
Nourriture et boissons								
AUTRE								
Matériel pédagogique								
Hobbys, Sport								
Sorties (cinéma, etc...)								
TOTAL								

JOUR DE SEMAINE/DATE

AUSGABEN	€	€	€	€	€	€	€	TOTAL
TRANSPORT FRAIS DE DÉPLACEMENT								
Frais de carburant								
Alimentation								
Nourriture et boissons								
AUTRE								
Matériel pédagogique								
Hobbys, Sport								
Sorties (cinéma, etc...)								
TOTAL								

JOUR DE SEMAINE/DATE

AUSGABEN	€	€	€	€	€	€	€	TOTAL
TRANSPORT FRAIS DE DÉPLACEMENT								
Frais de carburant								
Alimentation								
Nourriture et boissons								
AUTRE								
Matériel pédagogique								
Hobbys, Sport								
Sorties (cinéma, etc...)								
TOTAL								

JOUR DE SEMAINE/DATE

AUSGABEN	€	€	€	€	€	€	€	TOTAL
TRANSPORT FRAIS DE DÉPLACEMENT								
Frais de carburant								
Alimentation								
Nourriture et boissons								
AUTRE								
Matériel pédagogique								
Hobbys, Sport								
Sorties (cinéma, etc...)								
TOTAL								

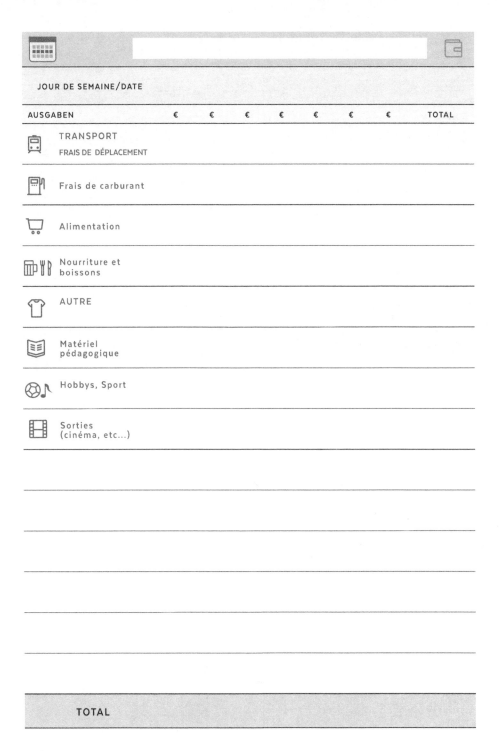

JOUR DE SEMAINE/DATE

AUSGABEN	€	€	€	€	€	€	€	TOTAL
TRANSPORT FRAIS DE DÉPLACEMENT								
Frais de carburant								
Alimentation								
Nourriture et boissons								
AUTRE								
Matériel pédagogique								
Hobbys, Sport								
Sorties (cinéma, etc...)								

TOTAL

JOUR DE SEMAINE/DATE

AUSGABEN	€	€	€	€	€	€	€	TOTAL
TRANSPORT FRAIS DE DÉPLACEMENT								
Frais de carburant								
Alimentation								
Nourriture et boissons								
AUTRE								
Matériel pédagogique								
Hobbys, Sport								
Sorties (cinéma, etc...)								

TOTAL

AUSGABEN	€	€	€	€	€	€	€	TOTAL
TRANSPORT FRAIS DE DÉPLACEMENT								
Frais de carburant								
Alimentation								
Nourriture et boissons								
AUTRE								
Matériel pédagogique								
Hobbys, Sport								
Sorties (cinéma, etc...)								

JOUR DE SEMAINE/DATE

TOTAL

JOUR DE SEMAINE/DATE

AUSGABEN	€	€	€	€	€	€	€	TOTAL
TRANSPORT FRAIS DE DÉPLACEMENT								
Frais de carburant								
Alimentation								
Nourriture et boissons								
AUTRE								
Matériel pédagogique								
Hobbys, Sport								
Sorties (cinéma, etc...)								
TOTAL								

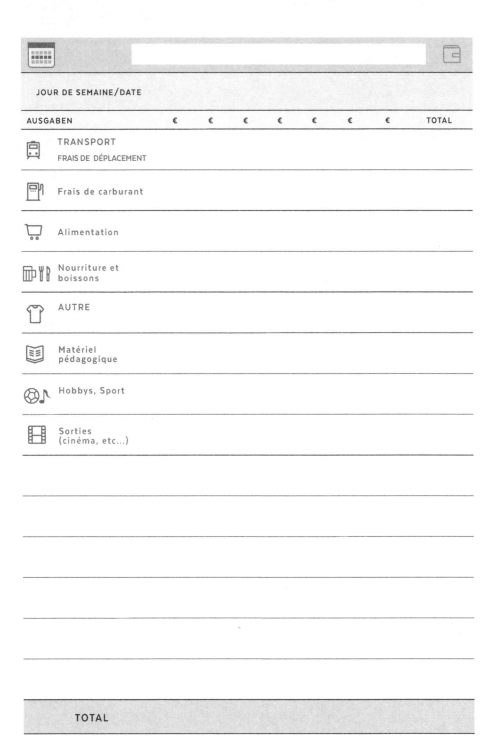

JOUR DE SEMAINE/DATE

AUSGABEN	€	€	€	€	€	€	€	TOTAL
TRANSPORT FRAIS DE DÉPLACEMENT								
Frais de carburant								
Alimentation								
Nourriture et boissons								
AUTRE								
Matériel pédagogique								
Hobbys, Sport								
Sorties (cinéma, etc...)								
TOTAL								

JOUR DE SEMAINE/DATE

AUSGABEN	€	€	€	€	€	€	€	TOTAL
TRANSPORT FRAIS DE DÉPLACEMENT								
Frais de carburant								
Alimentation								
Nourriture et boissons								
AUTRE								
Matériel pédagogique								
Hobbys, Sport								
Sorties (cinéma, etc...)								
TOTAL								

JOUR DE SEMAINE/DATE

AUSGABEN	€	€	€	€	€	€	€	TOTAL
TRANSPORT FRAIS DE DÉPLACEMENT								
Frais de carburant								
Alimentation								
Nourriture et boissons								
AUTRE								
Matériel pédagogique								
Hobbys, Sport								
Sorties (cinéma, etc...)								

TOTAL

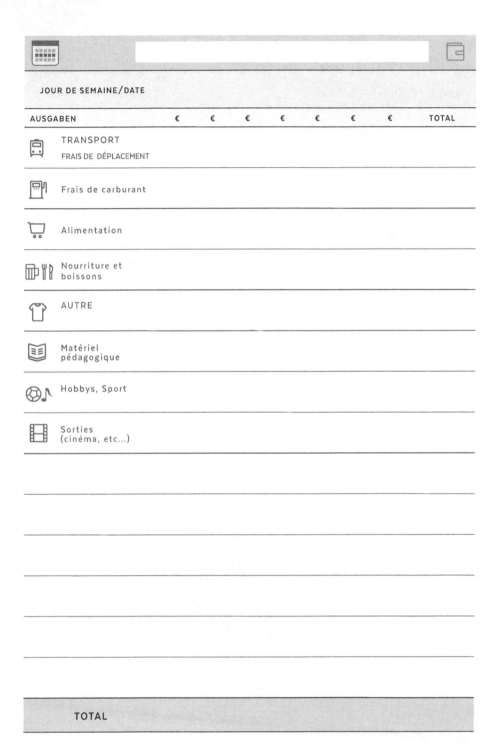

JOUR DE SEMAINE/DATE

AUSGABEN	€	€	€	€	€	€	€	TOTAL
TRANSPORT FRAIS DE DÉPLACEMENT								
Frais de carburant								
Alimentation								
Nourriture et boissons								
AUTRE								
Matériel pédagogique								
Hobbys, Sport								
Sorties (cinéma, etc...)								
TOTAL								

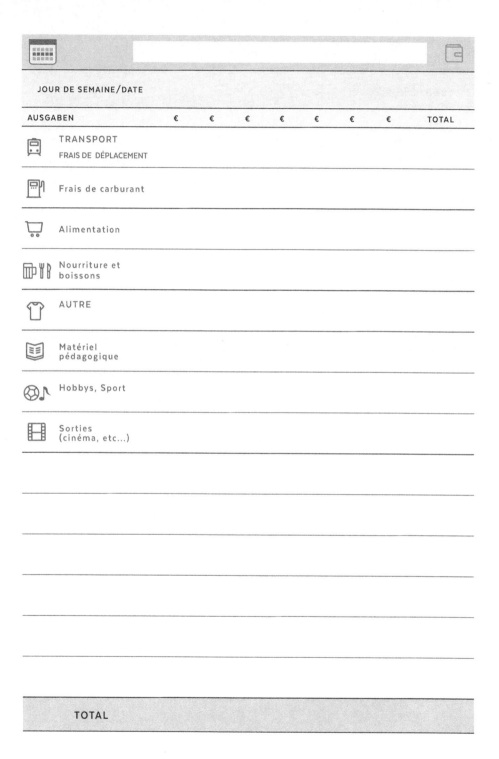

JOUR DE SEMAINE/DATE

AUSGABEN	€	€	€	€	€	€	€	TOTAL
TRANSPORT FRAIS DE DÉPLACEMENT								
Frais de carburant								
Alimentation								
Nourriture et boissons								
AUTRE								
Matériel pédagogique								
Hobbys, Sport								
Sorties (cinéma, etc...)								
TOTAL								

JOUR DE SEMAINE/DATE

AUSGABEN	€	€	€	€	€	€	€	TOTAL
TRANSPORT FRAIS DE DÉPLACEMENT								
Frais de carburant								
Alimentation								
Nourriture et boissons								
AUTRE								
Matériel pédagogique								
Hobbys, Sport								
Sorties (cinéma, etc...)								
TOTAL								

AUSGABEN	€	€	€	€	€	€	€	TOTAL
TRANSPORT FRAIS DE DÉPLACEMENT								
Frais de carburant								
Alimentation								
Nourriture et boissons								
AUTRE								
Matériel pédagogique								
Hobbys, Sport								
Sorties (cinéma, etc...)								
TOTAL								

JOUR DE SEMAINE/DATE

AUSGABEN	€	€	€	€	€	€	€	TOTAL
TRANSPORT FRAIS DE DÉPLACEMENT								
Frais de carburant								
Alimentation								
Nourriture et boissons								
AUTRE								
Matériel pédagogique								
Hobbys, Sport								
Sorties (cinéma, etc...)								
TOTAL								

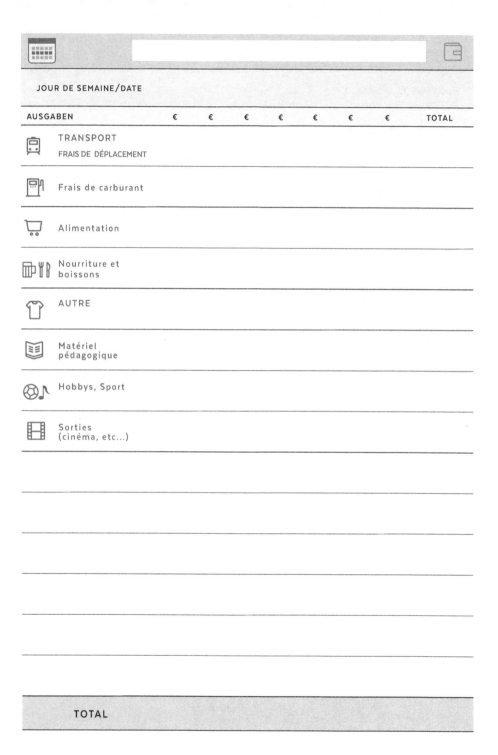

JOUR DE SEMAINE/DATE

AUSGABEN	€	€	€	€	€	€	€	TOTAL
TRANSPORT FRAIS DE DÉPLACEMENT								
Frais de carburant								
Alimentation								
Nourriture et boissons								
AUTRE								
Matériel pédagogique								
Hobbys, Sport								
Sorties (cinéma, etc...)								

TOTAL

JOUR DE SEMAINE/DATE

AUSGABEN	€	€	€	€	€	€	€	TOTAL
TRANSPORT FRAIS DE DÉPLACEMENT								
Frais de carburant								
Alimentation								
Nourriture et boissons								
AUTRE								
Matériel pédagogique								
Hobbys, Sport								
Sorties (cinéma, etc...)								
TOTAL								

JOUR DE SEMAINE/DATE

AUSGABEN	€	€	€	€	€	€	€	TOTAL
TRANSPORT FRAIS DE DÉPLACEMENT								
Frais de carburant								
Alimentation								
Nourriture et boissons								
AUTRE								
Matériel pédagogique								
Hobbys, Sport								
Sorties (cinéma, etc...)								

TOTAL

AUSGABEN	€	€	€	€	€	€	€	TOTAL
TRANSPORT FRAIS DE DÉPLACEMENT								
Frais de carburant								
Alimentation								
Nourriture et boissons								
AUTRE								
Matériel pédagogique								
Hobbys, Sport								
Sorties (cinéma, etc...)								
TOTAL								

JOUR DE SEMAINE/DATE

AUSGABEN	€	€	€	€	€	€	€	TOTAL
TRANSPORT FRAIS DE DÉPLACEMENT								
Frais de carburant								
Alimentation								
Nourriture et boissons								
AUTRE								
Matériel pédagogique								
Hobbys, Sport								
Sorties (cinéma, etc...)								
TOTAL								

JOUR DE SEMAINE/DATE								
AUSGABEN	€	€	€	€	€	€	€	TOTAL
TRANSPORT FRAIS DE DÉPLACEMENT								
Frais de carburant								
Alimentation								
Nourriture et boissons								
AUTRE								
Matériel pédagogique								
Hobbys, Sport								
Sorties (cinéma, etc...)								
TOTAL								

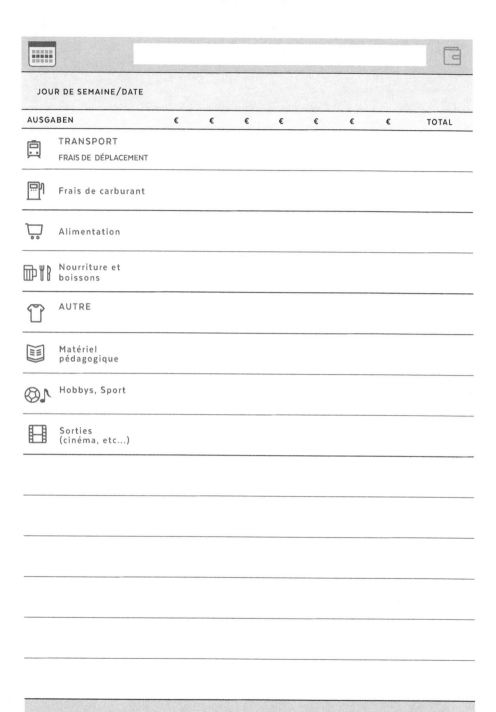

JOUR DE SEMAINE/DATE

AUSGABEN	€	€	€	€	€	€	€	TOTAL
TRANSPORT FRAIS DE DÉPLACEMENT								
Frais de carburant								
Alimentation								
Nourriture et boissons								
AUTRE								
Matériel pédagogique								
Hobbys, Sport								
Sorties (cinéma, etc...)								
TOTAL								

JOUR DE SEMAINE/DATE								
AUSGABEN	€	€	€	€	€	€	€	TOTAL
TRANSPORT FRAIS DE DÉPLACEMENT								
Frais de carburant								
Alimentation								
Nourriture et boissons								
AUTRE								
Matériel pédagogique								
Hobbys, Sport								
Sorties (cinéma, etc...)								
TOTAL								

JOUR DE SEMAINE/DATE									
AUSGABEN	€	€	€	€	€	€	€	TOTAL

TRANSPORT
FRAIS DE DÉPLACEMENT

Frais de carburant

Alimentation

Nourriture et boissons

AUTRE

Matériel pédagogique

Hobbys, Sport

Sorties (cinéma, etc...)

TOTAL

AUSGABEN	€	€	€	€	€	€	€	TOTAL
TRANSPORT FRAIS DE DÉPLACEMENT								
Frais de carburant								
Alimentation								
Nourriture et boissons								
AUTRE								
Matériel pédagogique								
Hobbys, Sport								
Sorties (cinéma, etc...)								
TOTAL								

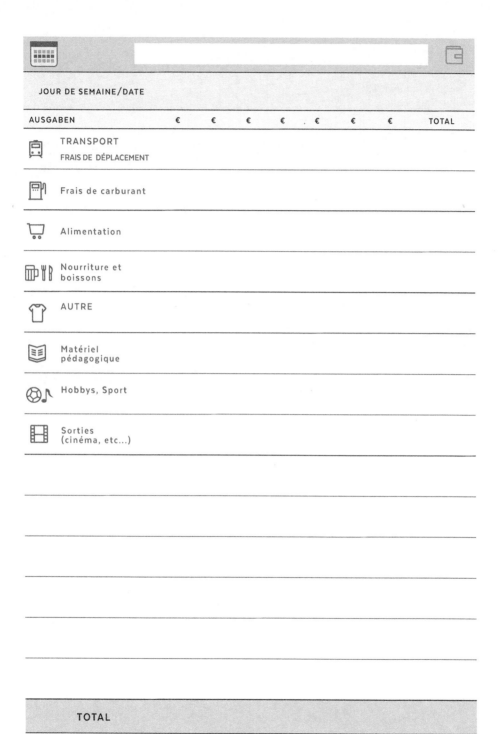

JOUR DE SEMAINE/DATE

AUSGABEN	€	€	€	€	. €	€	€	TOTAL
TRANSPORT FRAIS DE DÉPLACEMENT								
Frais de carburant								
Alimentation								
Nourriture et boissons								
AUTRE								
Matériel pédagogique								
Hobbys, Sport								
Sorties (cinéma, etc...)								

TOTAL

JOUR DE SEMAINE/DATE

AUSGABEN	€	€	€	€	€	€	€	TOTAL
TRANSPORT FRAIS DE DÉPLACEMENT								
Frais de carburant								
Alimentation								
Nourriture et boissons								
AUTRE								
Matériel pédagogique								
Hobbys, Sport								
Sorties (cinéma, etc...)								

TOTAL

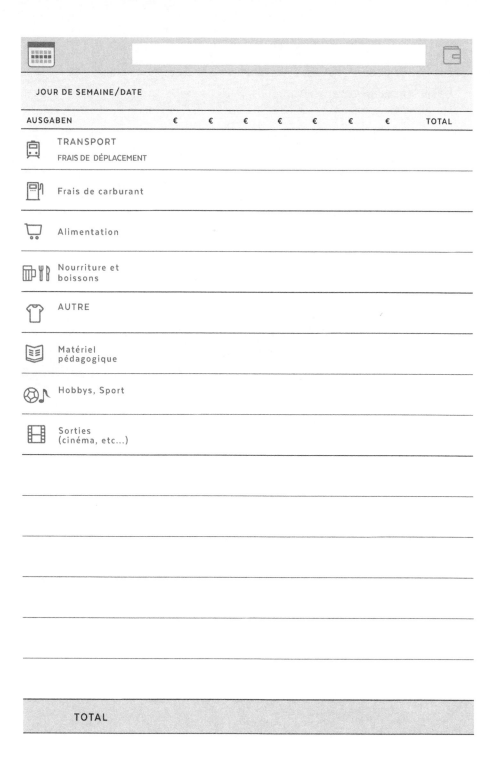

JOUR DE SEMAINE/DATE

AUSGABEN	€	€	€	€	€	€	€	TOTAL
TRANSPORT FRAIS DE DÉPLACEMENT								
Frais de carburant								
Alimentation								
Nourriture et boissons								
AUTRE								
Matériel pédagogique								
Hobbys, Sport								
Sorties (cinéma, etc...)								
TOTAL								

JOUR DE SEMAINE/DATE

AUSGABEN	€	€	€	€	€	€	€	TOTAL
TRANSPORT FRAIS DE DÉPLACEMENT								
Frais de carburant								
Alimentation								
Nourriture et boissons								
AUTRE								
Matériel pédagogique								
Hobbys, Sport								
Sorties (cinéma, etc...)								
TOTAL								

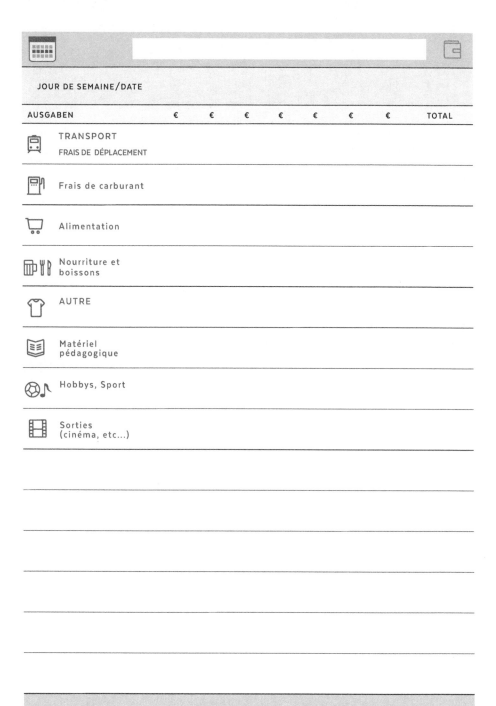

JOUR DE SEMAINE/DATE

AUSGABEN	€	€	€	€	€	€	€	TOTAL
TRANSPORT FRAIS DE DÉPLACEMENT								
Frais de carburant								
Alimentation								
Nourriture et boissons								
AUTRE								
Matériel pédagogique								
Hobbys, Sport								
Sorties (cinéma, etc...)								

TOTAL

JOUR DE SEMAINE/DATE								
AUSGABEN	€	€	€	€	€	€	€	TOTAL
TRANSPORT FRAIS DE DÉPLACEMENT								
Frais de carburant								
Alimentation								
Nourriture et boissons								
AUTRE								
Matériel pédagogique								
Hobbys, Sport								
Sorties (cinéma, etc...)								
TOTAL								

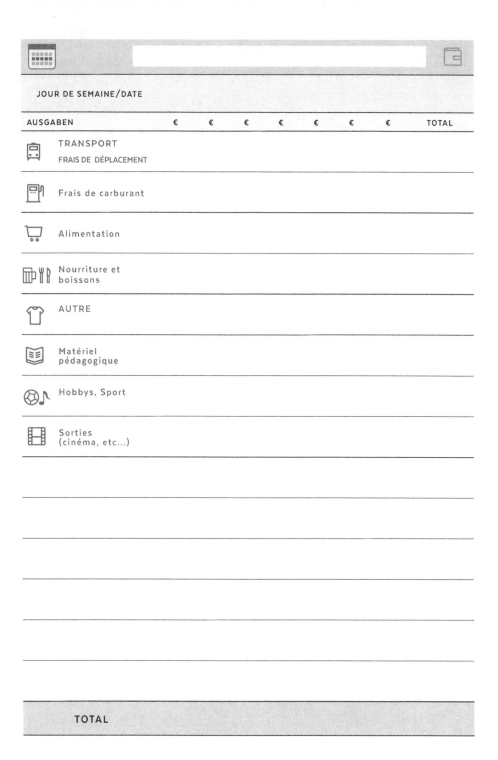

AUSGABEN	€	€	€	€	€	€	€	TOTAL
TRANSPORT FRAIS DE DÉPLACEMENT								
Frais de carburant								
Alimentation								
Nourriture et boissons								
AUTRE								
Matériel pédagogique								
Hobbys, Sport								
Sorties (cinéma, etc...)								

JOUR DE SEMAINE/DATE

TOTAL

JOUR DE SEMAINE/DATE

AUSGABEN	€	€	€	€	€	€	€	TOTAL
TRANSPORT FRAIS DE DÉPLACEMENT								
Frais de carburant								
Alimentation								
Nourriture et boissons								
AUTRE								
Matériel pédagogique								
Hobbys, Sport								
Sorties (cinéma, etc...)								
TOTAL								

JOUR DE SEMAINE/DATE

AUSGABEN	€	€	€	€	€	€	€	TOTAL
TRANSPORT FRAIS DE DÉPLACEMENT								
Frais de carburant								
Alimentation								
Nourriture et boissons								
AUTRE								
Matériel pédagogique								
Hobbys, Sport								
Sorties (cinéma, etc...)								

TOTAL

JOUR DE SEMAINE/DATE

AUSGABEN	€	€	€	€	€	€	€	TOTAL
TRANSPORT FRAIS DE DÉPLACEMENT								
Frais de carburant								
Alimentation								
Nourriture et boissons								
AUTRE								
Matériel pédagogique								
Hobbys, Sport								
Sorties (cinéma, etc...)								
TOTAL								

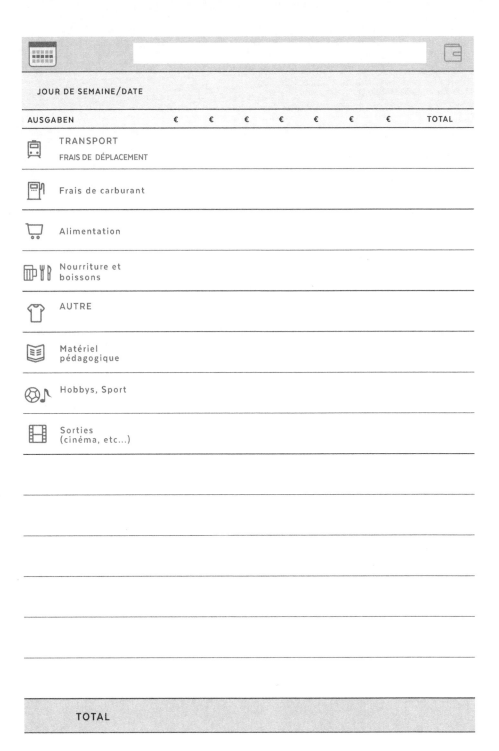

JOUR DE SEMAINE/DATE									
AUSGABEN	€	€	€	€	€	€	€	TOTAL	
TRANSPORT FRAIS DE DÉPLACEMENT									
Frais de carburant									
Alimentation									
Nourriture et boissons									
AUTRE									
Matériel pédagogique									
Hobbys, Sport									
Sorties (cinéma, etc...)									
TOTAL									

JOUR DE SEMAINE/DATE									
AUSGABEN	€	€	€	€	€	€	€	TOTAL	
TRANSPORT FRAIS DE DÉPLACEMENT									
Frais de carburant									
Alimentation									
Nourriture et boissons									
AUTRE									
Matériel pédagogique									
Hobbys, Sport									
Sorties (cinéma, etc...)									
TOTAL									

AUSGABEN	€	€	€	€	€	€	€	TOTAL
TRANSPORT FRAIS DE DÉPLACEMENT								
Frais de carburant								
Alimentation								
Nourriture et boissons								
AUTRE								
Matériel pédagogique								
Hobbys, Sport								
Sorties (cinéma, etc...)								

JOUR DE SEMAINE/DATE

TOTAL

JOUR DE SEMAINE/DATE

AUSGABEN	€	€	€	€	€	€	€	TOTAL
TRANSPORT FRAIS DE DÉPLACEMENT								
Frais de carburant								
Alimentation								
Nourriture et boissons								
AUTRE								
Matériel pédagogique								
Hobbys, Sport								
Sorties (cinéma, etc...)								
TOTAL								

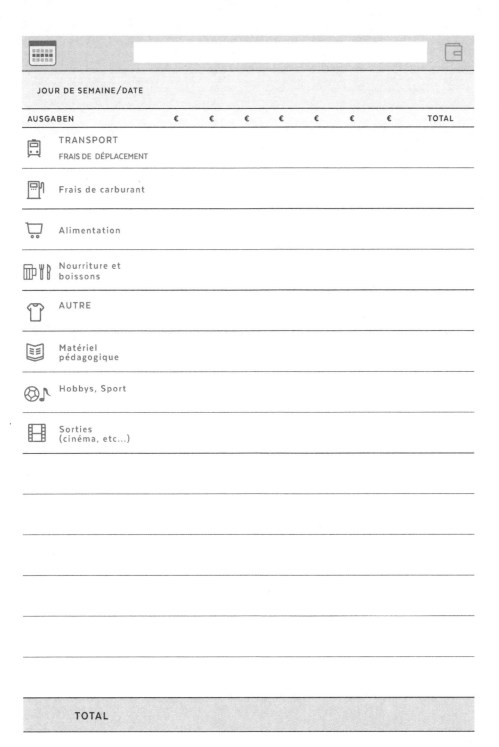

JOUR DE SEMAINE/DATE

AUSGABEN	€	€	€	€	€	€	€	TOTAL
TRANSPORT FRAIS DE DÉPLACEMENT								
Frais de carburant								
Alimentation								
Nourriture et boissons								
AUTRE								
Matériel pédagogique								
Hobbys, Sport								
Sorties (cinéma, etc...)								
TOTAL								

JOUR DE SEMAINE/DATE

AUSGABEN	€	€	€	€	€	€	€	TOTAL
TRANSPORT FRAIS DE DÉPLACEMENT								
Frais de carburant								
Alimentation								
Nourriture et boissons								
AUTRE								
Matériel pédagogique								
Hobbys, Sport								
Sorties (cinéma, etc...)								

TOTAL

JOUR DE SEMAINE/DATE

AUSGABEN	€	€	€	€	€	€	€	TOTAL
TRANSPORT FRAIS DE DÉPLACEMENT								
Frais de carburant								
Alimentation								
Nourriture et boissons								
AUTRE								
Matériel pédagogique								
Hobbys, Sport								
Sorties (cinéma, etc...)								

TOTAL

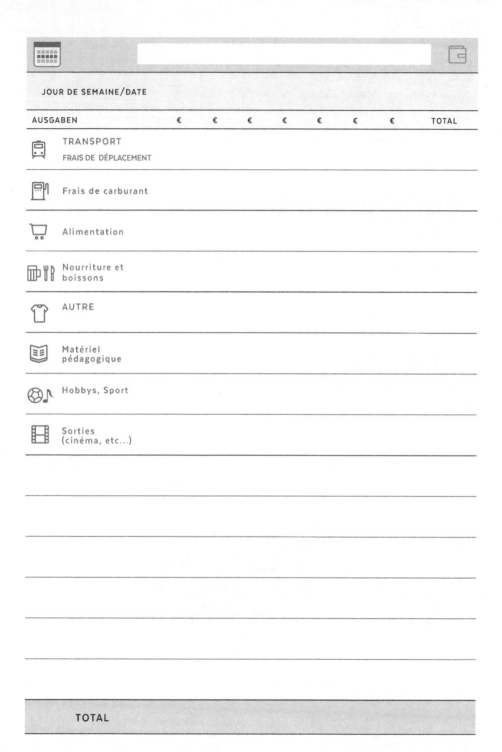

JOUR DE SEMAINE/DATE

AUSGABEN	€	€	€	€	€	€	€	TOTAL
TRANSPORT FRAIS DE DÉPLACEMENT								
Frais de carburant								
Alimentation								
Nourriture et boissons								
AUTRE								
Matériel pédagogique								
Hobbys, Sport								
Sorties (cinéma, etc...)								
TOTAL								

JOUR DE SEMAINE/DATE									
AUSGABEN	€	€	€	€	€	€	€	€	TOTAL
TRANSPORT FRAIS DE DÉPLACEMENT									
Frais de carburant									
Alimentation									
Nourriture et boissons									
AUTRE									
Matériel pédagogique									
Hobbys, Sport									
Sorties (cinéma, etc...)									
TOTAL									

JOUR DE SEMAINE/DATE

AUSGABEN	€	€	€	€	€	€	€	TOTAL
TRANSPORT FRAIS DE DÉPLACEMENT								
Frais de carburant								
Alimentation								
Nourriture et boissons								
AUTRE								
Matériel pédagogique								
Hobbys, Sport								
Sorties (cinéma, etc...)								

TOTAL

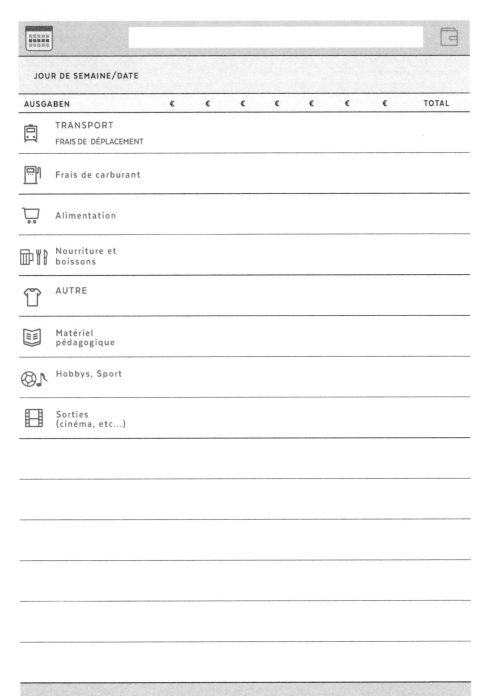

JOUR DE SEMAINE/DATE

AUSGABEN	€	€	€	€	€	€	€	TOTAL
TRANSPORT FRAIS DE DÉPLACEMENT								
Frais de carburant								
Alimentation								
Nourriture et boissons								
AUTRE								
Matériel pédagogique								
Hobbys, Sport								
Sorties (cinéma, etc...)								
TOTAL								

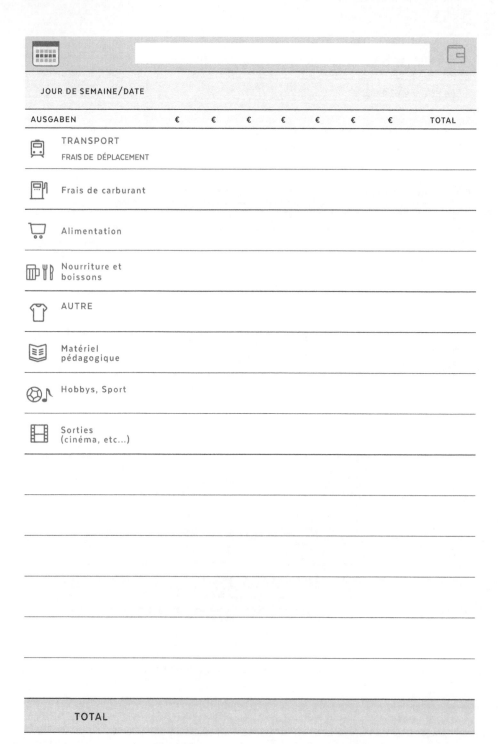

JOUR DE SEMAINE/DATE

AUSGABEN	€	€	€	€	€	€	€	TOTAL
TRANSPORT FRAIS DE DÉPLACEMENT								
Frais de carburant								
Alimentation								
Nourriture et boissons								
AUTRE								
Matériel pédagogique								
Hobbys, Sport								
Sorties (cinéma, etc...)								

TOTAL

JOUR DE SEMAINE/DATE

AUSGABEN	€	€	€	€	€	€	€	TOTAL
TRANSPORT FRAIS DE DÉPLACEMENT								
Frais de carburant								
Alimentation								
Nourriture et boissons								
AUTRE								
Matériel pédagogique								
Hobbys, Sport								
Sorties (cinéma, etc...)								
TOTAL								

RELEVÉ MENSUEL

MOIS			
DÉPENSES	**€**	**DÉPENSES**	**€**
LOYER			
FRAIS ANNEXES			
PRÊTS/PAIEMENTS ÉCHELONNÉS/ MENSUALITÉS			
ASSURANCES			
ÉCONOMIES			
FRAIS DE TÉLÉPHONE MOBILE			
FRAIS DE TÉLÉPHONE FIXE			
REDEVANCE INTERNET			
TAXE AUTOMOBILE			
FRAIS DE TRANSPORT (TRAIN-MÉTRO)			
SOINS MÉDICAUX			
COTISATION DES MEMBRES ASSOCIATION			
ABONNEMENT		TOTAL	
TOTAL		SOMME	

RELEVÉ MENSUEL

DÉPENSES	€	REVENUS/ RECETTES	€
SEMAINE 1			
SEMAINE 2			
SEMAINE 3			
SEMAINE 4			
SEMAINE 5			
FRAIS MENSUELS			
TOTAL			

NOTICES

	TOTAL	

RELEVÉ MENSUEL

RECETTES	€
DÉPENSES	€
ÉCONOMISÉ	€

	MOIS		

DÉPENSES	€	DÉPENSES	€
LOYER			
FRAIS ANNEXES			
PRÊTS/PAIEMENTS ÉCHELONNÉS/ MENSUALITÉS			
ASSURANCES			
ÉCONOMIES			
FRAIS DE TÉLÉPHONE MOBILE			
FRAIS DE TÉLÉPHONE FIXE			
REDEVANCE INTERNET			
TAXE AUTOMOBILE			
FRAIS DE TRANSPORT (TRAIN-MÉTRO)			
SOINS MÉDICAUX			
COTISATION DES MEMBRES ASSOCIATION			
ABONNEMENT		TOTAL	
TOTAL		SOMME	

RELEVÉ MENSUEL

DÉPENSES	€	REVENUS/RECETTES	€
SEMAINE 1			
SEMAINE 2			
SEMAINE 3			
SEMAINE 4			
SEMAINE 5			
FRAIS MENSUELS			
TOTAL			

NOTICES

	TOTAL	

RELEVÉ MENSUEL

RECETTES	€
DÉPENSES	€
ÉCONOMISÉ	€

MOIS

DÉPENSES	€	DÉPENSES	€
LOYER			
FRAIS ANNEXES			
PRÊTS/PAIEMENTS ÉCHELONNÉS/ MENSUALITÉS			
ASSURANCES			
ÉCONOMIES			
FRAIS DE TÉLÉPHONE MOBILE			
FRAIS DE TÉLÉPHONE FIXE			
REDEVANCE INTERNET			
TAXE AUTOMOBILE			
FRAIS DE TRANSPORT (TRAIN-MÉTRO)			
SOINS MÉDICAUX			
COTISATION DES MEMBRES ASSOCIATION			
ABONNEMENT		TOTAL	
TOTAL		SOMME	

RELEVÉ MENSUEL

DÉPENSES	€	REVENUS/RECETTES	€
📅 SEMAINE 1			
📅 SEMAINE 2			
📅 SEMAINE 3			
📅 SEMAINE 4			
📅 SEMAINE 5			
📅 FRAIS MENSUELS			
TOTAL			

NOTICES

		TOTAL	

RELEVÉ MENSUEL

	RECETTES	€
	DÉPENSES	€
	ÉCONOMISÉ	€

	MOIS			

DÉPENSES	€	DÉPENSES	€
LOYER			
FRAIS ANNEXES			
PRÊTS/PAIEMENTS ÉCHELONNÉS/ MENSUALITÉS			
ASSURANCES			
ÉCONOMIES			
FRAIS DE TÉLÉPHONE MOBILE			
FRAIS DE TÉLÉPHONE FIXE			
REDEVANCE INTERNET			
TAXE AUTOMOBILE			
FRAIS DE TRANSPORT (TRAIN-MÉTRO)			
SOINS MÉDICAUX			
COTISATION DES MEMBRES ASSOCIATION			
ABONNEMENT		TOTAL	
TOTAL		SOMME	

RELEVÉ MENSUEL

DÉPENSES	€	REVENUS/RECETTES	€
SEMAINE 1			
SEMAINE 2			
SEMAINE 3			
SEMAINE 4			
SEMAINE 5			
FRAIS MENSUELS			
TOTAL			

NOTICES			
	TOTAL		

RELEVÉ MENSUEL

RECETTES	€	
DÉPENSES	€	
ÉCONOMISÉ	€	

MOIS			
DÉPENSES	**€**	**DÉPENSES**	**€**
LOYER			
FRAIS ANNEXES			
PRÊTS/PAIEMENTS ÉCHELONNÉS/ MENSUALITÉS			
ASSURANCES			
ÉCONOMIES			
FRAIS DE TÉLÉPHONE MOBILE			
FRAIS DE TÉLÉPHONE FIXE			
REDEVANCE INTERNET			
TAXE AUTOMOBILE			
FRAIS DE TRANSPORT (TRAIN-MÉTRO)			
SOINS MÉDICAUX			
COTISATION DES MEMBRES ASSOCIATION			
ABONNEMENT		TOTAL	
TOTAL		SOMME	

RELEVÉ MENSUEL

DÉPENSES	€	REVENUS/RECETTES	€
📅 SEMAINE 1			
📅 SEMAINE 2			
📅 SEMAINE 3			
📅 SEMAINE 4			
📅 SEMAINE 5			
📅 FRAIS MENSUELS			
TOTAL			

NOTICES

	TOTAL	

RELEVÉ MENSUEL

RECETTES	€
DÉPENSES	€
ÉCONOMISÉ	€

MOIS

DÉPENSES	€	DÉPENSES	€
LOYER			
FRAIS ANNEXES			
PRÊTS/PAIEMENTS ÉCHELONNÉS/ MENSUALITÉS			
ASSURANCES			
ÉCONOMIES			
FRAIS DE TÉLÉPHONE MOBILE			
FRAIS DE TÉLÉPHONE FIXE			
REDEVANCE INTERNET			
TAXE AUTOMOBILE			
FRAIS DE TRANSPORT (TRAIN-MÉTRO)			
SOINS MÉDICAUX			
COTISATION DES MEMBRES ASSOCIATION			
ABONNEMENT		TOTAL	
TOTAL		SOMME	

RELEVÉ MENSUEL

DÉPENSES	€	REVENUS/RECETTES	€
📅 SEMAINE 1			
📅 SEMAINE 2			
📅 SEMAINE 3			
📅 SEMAINE 4			
📅 SEMAINE 5			
📅 FRAIS MENSUELS			
TOTAL			

NOTICES		
	TOTAL	

RELEVÉ MENSUEL

RECETTES	€	
DÉPENSES	€	
ÉCONOMISÉ	€	

MOIS

DÉPENSES	€	DÉPENSES	€
LOYER			
FRAIS ANNEXES			
PRÊTS/PAIEMENTS ÉCHELONNÉS/ MENSUALITÉS			
ASSURANCES			
ÉCONOMIES			
FRAIS DE TÉLÉPHONE MOBILE			
FRAIS DE TÉLÉPHONE FIXE			
REDEVANCE INTERNET			
TAXE AUTOMOBILE			
FRAIS DE TRANSPORT (TRAIN-MÉTRO)			
SOINS MÉDICAUX			
COTISATION DES MEMBRES ASSOCIATION			
ABONNEMENT		TOTAL	
TOTAL		SOMME	

RELEVÉ MENSUEL

DÉPENSES	€	REVENUS/RECETTES	€
🗓 SEMAINE 1			
🗓 SEMAINE 2			
🗓 SEMAINE 3			
🗓 SEMAINE 4			
🗓 SEMAINE 5			
🗓 FRAIS MENSUELS			
TOTAL			
NOTICES			
		TOTAL	
		RELEVÉ MENSUEL	
		RECETTES	€
		DÉPENSES	€
		ÉCONOMISÉ	€

MOIS			
DÉPENSES	**€**	**DÉPENSES**	**€**
LOYER			
FRAIS ANNEXES			
PRÊTS/PAIEMENTS ÉCHELONNÉS/ MENSUALITÉS			
ASSURANCES			
ÉCONOMIES			
FRAIS DE TÉLÉPHONE MOBILE			
FRAIS DE TÉLÉPHONE FIXE			
REDEVANCE INTERNET			
TAXE AUTOMOBILE			
FRAIS DE TRANSPORT (TRAIN-MÉTRO)			
SOINS MÉDICAUX			
COTISATION DES MEMBRES ASSOCIATION			
ABONNEMENT		**TOTAL**	
TOTAL		**SOMME**	

RELEVÉ MENSUEL

DÉPENSES	€	REVENUS/ RECETTES	€
📅 SEMAINE 1			
📅 SEMAINE 2			
📅 SEMAINE 3			
📅 SEMAINE 4			
📅 SEMAINE 5			
📅 FRAIS MENSUELS			
TOTAL			
NOTICES			
		TOTAL	
		RELEVÉ MENSUEL	
		RECETTES	€
		DÉPENSES	€
		ÉCONOMISÉ	€

MOIS

DÉPENSES	€	DÉPENSES	€
LOYER			
FRAIS ANNEXES			
PRÊTS/PAIEMENTS ÉCHELONNÉS/ MENSUALITÉS			
ASSURANCES			
ÉCONOMIES			
FRAIS DE TÉLÉPHONE MOBILE			
FRAIS DE TÉLÉPHONE FIXE			
REDEVANCE INTERNET			
TAXE AUTOMOBILE			
FRAIS DE TRANSPORT (TRAIN-MÉTRO)			
SOINS MÉDICAUX			
COTISATION DES MEMBRES ASSOCIATION			
ABONNEMENT		TOTAL	
TOTAL		SOMME	

RELEVÉ MENSUEL

DÉPENSES	€	REVENUS/RECETTES	€
SEMAINE 1			
SEMAINE 2			
SEMAINE 3			
SEMAINE 4			
SEMAINE 5			
FRAIS MENSUELS			
TOTAL			

NOTICES

		TOTAL	

RELEVÉ MENSUEL

	RECETTES	€
	DÉPENSES	€
	ÉCONOMISÉ	€

	MOIS		

DÉPENSES	€	DÉPENSES	€
LOYER			
FRAIS ANNEXES			
PRÊTS/PAIEMENTS ÉCHELONNÉS/ MENSUALITÉS			
ASSURANCES			
ÉCONOMIES			
FRAIS DE TÉLÉPHONE MOBILE			
FRAIS DE TÉLÉPHONE FIXE			
REDEVANCE INTERNET			
TAXE AUTOMOBILE			
FRAIS DE TRANSPORT (TRAIN-MÉTRO)			
SOINS MÉDICAUX			
COTISATION DES MEMBRES ASSOCIATION			
ABONNEMENT		TOTAL	
TOTAL		SOMME	

RELEVÉ MENSUEL

DÉPENSES	€	REVENUS/ RECETTES	€
📅 SEMAINE 1			
📅 SEMAINE 2			
📅 SEMAINE 3			
📅 SEMAINE 4			
📅 SEMAINE 5			
📅 FRAIS MENSUELS			
TOTAL			

NOTICES

	TOTAL	

RELEVÉ MENSUEL

RECETTES	€
DÉPENSES	€
ÉCONOMISÉ	€

MOIS

	DÉPENSES	€	DÉPENSES	€
🏠	LOYER			
✚	FRAIS ANNEXES			
	PRÊTS/PAIEMENTS ÉCHELONNÉS/ MENSUALITÉS			
	ASSURANCES			
	ÉCONOMIES			
	FRAIS DE TÉLÉPHONE MOBILE			
	FRAIS DE TÉLÉPHONE FIXE			
	REDEVANCE INTERNET			
	TAXE AUTOMOBILE			
	FRAIS DE TRANSPORT (TRAIN-MÉTRO)			
	SOINS MÉDICAUX			
	COTISATION DES MEMBRES ASSOCIATION			
	ABONNEMENT		TOTAL	
	TOTAL		SOMME	

RELEVÉ MENSUEL

DÉPENSES	€	REVENUS/RECETTES	€
SEMAINE 1			
SEMAINE 2			
SEMAINE 3			
SEMAINE 4			
SEMAINE 5			
FRAIS MENSUELS			
TOTAL			
NOTICES			
		TOTAL	

RELEVÉ MENSUEL

RECETTES	€	
DÉPENSES	€	
ÉCONOMISÉ	€	

MOIS			

DÉPENSES	€	DÉPENSES	€
LOYER			
FRAIS ANNEXES			
PRÊTS/PAIEMENTS ÉCHELONNÉS/ MENSUALITÉS			
ASSURANCES			
ÉCONOMIES			
FRAIS DE TÉLÉPHONE MOBILE			
FRAIS DE TÉLÉPHONE FIXE			
REDEVANCE INTERNET			
TAXE AUTOMOBILE			
FRAIS DE TRANSPORT (TRAIN-MÉTRO)			
SOINS MÉDICAUX			
COTISATION DES MEMBRES ASSOCIATION			
ABONNEMENT		TOTAL	
TOTAL		SOMME	

RELEVÉ MENSUEL

DÉPENSES	€	REVENUS/RECETTES	€
📅 SEMAINE 1			
📅 SEMAINE 2			
📅 SEMAINE 3			
📅 SEMAINE 4			
📅 SEMAINE 5			
📅 FRAIS MENSUELS			
TOTAL			

NOTICES

		TOTAL	

RELEVÉ MENSUEL

RECETTES	€
DÉPENSES	€
ÉCONOMISÉ	€

NOTES

IMPRESSUM

Bei Fragen & Anregungen:
feedback@mertens-publication.de

1. Auflage
2018 Mertens Verlagsgruppe
Mertens Ventures Ltd.
Tefkrou Anthia No 2 Office 301
6045 Larnaca
Zypern
E-Mail: kontakt@mertens-publication.de

Printed in France by Amazon
Brétigny-sur-Orge, FR

13665116R00051